Inhalt

UMTS - Ante Portas?

Kernthesen

Beitrag

Fallbeispiele

Weiterführende Literatur

Impressum

UMTS - Ante Portas?

M. Westphal

Kernthesen

- Der UMTS-Start ist in einigen Ländern schon von einigen wenigen Operators vollzogen.
- Die Nachfrage verläuft bisher eher schleppend.
- Welche Applikationen, Preise- und Vermarktungsstrategien sind für einen erfolgreichen Start notwendig?

Beitrag

Das Szenario ist klar:
Bald soll man nicht mehr mit leerem Blick in Bus und Bahn auf das Erreichen der Zielhaltestelle warten oder im Wartezimmer eines Arztes in abgegriffenen

Zeitschriften lesen, sondern auf einem handyähnlichen Gerät seine Lieblings-TV-Serie verfolgen, eine Zusammenfassung des aktuellen Fußball-Spieltages erhalten, oder das neueste Java-Spiel herunterladen und das alles zu einem angemessenen Preis.

Noch vor wenigen Jahren hätte man von der Funkausstellung 2003 erwartet, das sie ganz im Zeichen von UMTS stünde. Die Netzbetreiber, Handy- und Equipmentprovider hatten für Herbst 2002 den Start ins multimediale Mobilfunkzeitalter angekündigt. (1)

Aber wie sieht die Wirklichkeit im Herbst 2003 aus?

Der UMTS-Start ist in einigen Ländern schon von einigen wenigen Operators vollzogen.

Nachdem zunächst die Einführung des Datenverfahrens GPRS (General Packet Radio Service) die Basis für einen schnellen mobilen Datentrasfer schaffen und damit den Konsumenten für die Dienste der dritten Generation sensibilisieren sollte, führte das Platzen der Dotcom-Blase die

Carrier und Provider in eine ungeahnte Finanzkrise. Darüber hinaus gab es Verzögerungen bei der Installation der GPRS-Technik wie auch mit der Einführung der entsprechenden Phones. (1)

Der bisher nicht eingetretene UMTS-Hype hat den Rhythmus des Wachstums außer Tritt geraten lassen. Der Mobilfunkmarkt ist in den meisten westeuropäischen Märkten gesättigt, was zu beinhartem Abwerben zu Dumpingtarifen führt. Das resultiert aber in Kundenzuwachs, der nicht zu Mehrumsatz führt. Nach wie vor stagniert der durchschnittliche Monatsumsatz pro Mobilfunkkunde in Deutschland bei 25 27 Euro.(2)

Die ersten Anbieter in Europa sind in das mobile Multimedia-Zeitalter gestartet und bieten Mobiltelefone an, die auf dem UMTS-Standard laufen.
Allerdings verlief das Geschäft bei den meisten Anbietern zunächst sehr schleppend. Erst nach massiven Preissenkungen von Seiten der Operator ist das Geschäft zufriedenstellend angelaufen, wobei die Endgeräte unter Selbstkostenpreis abgegeben werden, um eine ausreichende Kundenbasis zu realisieren. (3)

Der Start ist für viele Entrepreneure im UMTS-Business allerdings sehr ernüchternd, da die Kunden trotz kräftiger Preissenkungen nur sehr zögerlich ihre

Verträge abschliessen.

Die Nachfrage verläuft bisher eher schleppend

Allgemein wird angenommen, das z. B. die beiden bisher einzigen österreichischen UMTS-Anbieter zu früh mit dem Angebot der UMTS-Dienste gestartet sind. Die wenigen Kunden, die bisher gewonnen worden sind, decken mit ihrem Umsatz voraussichtlich die Betriebskosten des "laufenden" UMTS-Netzes nicht annähernd ab. (1)

Die Telekom-Ausrüster kämpfen noch mit der UMTS-Technik, die Netzbetreiber sind unzufrieden mit den auf dem Markt befindlichen UMTS-Geräten, so gibt es insbesondere Probleme mit der Weiterschaltung aus herkömmlichen Netzen in UMTS-Netze. (2)

In der Geschäftswelt ist UMTS derzeit für die wenigsten Firmen ein Thema. Die Argumente beziehen sich hiebei derzeit insbesondere auf die Anwendungsszenarien, die bisher für den Business-Bereich kaum interessant sind. Die Angebote lassen eine Anschaffung von UMTS-Handys nicht als rentabel erscheinen, das meiste wird als Spielerei abgetan, die man businessmäßig nicht brauche.

Darüber hinaus wird moniert, dass die Geräte technisch einfach noch unzureichend sind. (4)

Auch Handelsunternehmen in den Ländern, in denen UMTS sowie die entsprechenden Geräte schon vorhanden sind, nehmen die neue Technologie und die damit verbundenen entsprechenden Endgeräte eher zögerlich an. Auch hier wird begründet, dass die Technik insgesamt noch nicht ausgereift wäre und daher Kunden mit Geräten, die nicht nach Wunsch funktionierten, wieder in den Laden kämen und sich beschweren würden. (4)

Ein weiteres Problem für eine erfolgreiche schnelle Einführung von UMTS stellt darüber hinaus die schnelle GPRS-Technik dar. Die Kunden kommen hiermit für die meisten ihrer gewünschten Anwendungen aus. So wird der Spieltrieb der Consumer-Klientel derzeit mit MMS-Technik ausreichend befriedigt und die läuft auf GPRS in zufriedenstellender Qualität und Geschwindigkeit. (4)

Die bisher enttäuschende Kunden-Resonanz auf UMTS führt in einigen europäischen Ländern dazu, dass die während der UMTS-Lizenz-Auktionen arg geschröpften Telekom-Unternehmen die ihrer Meinung nach zuviel bezahlte Mehrwertsteuer auf die Lizenzgebühr zurückfordern.
Quam, E-Plus, O2 und MobilCom in Deutschland,

KPN in den Niederlanden und möglicherweise Telefonica in Österreich versuchen sich von den Finanzministerien der entsprechenden Länder diese zurückzufordern, nötigenfalls per Rechtsstreit, sollten die Finanzministerien längerfristig anderer Meinung sein. (4)

Welche Applikationen, Preise- und Vermarktungsstrategien sind für einen erfolgreichen Start notwendig?

Die Einführung von WAP und GPRS verlief sehr schleppend, was letztendlich für den Launch von UMTS viel Schaden angerichtet hat. Daher sollten die Anbieter dieses Mal warten, bis die gesamte Technologie bis hin zu den Endgeräten ausreichend stabil und qualitativ hochwertig zur Verfügung steht.

Derzeit werden von T-Mobile Feldstests durchgeführt, bei denen viele Dinge schon ausgezeichnet funktionieren. Die Einwahl ins Internet wie auch die Download-Reaktionszeiten oder die Sprachqualität sind schon sehr ausgereift. Mangeln tut es derzeit insbesondere bei einem sauberen Handover, also einem Wechsel von einer UMTS-Zelle in die nächste.

Ebenso klappt es derzeit noch nicht mit der Abstimmung zwischen der Netztechnik und den Endgeräten.
Da aus Kostengründen zumindest zunächst keine komplette Abdeckung der UMTS-Netze vorhanden sein wird, ist insbesondere auch der Handover zwischen UMTS- und GSM-Netzen sehr wichtig. Wesentliche Probleme bereiten die unterschiedlichen Zugriffsverfahren zwischen UMTS- und GSM-Netzen. So werden bei GSM dem Endgerät ein Zeitfenster mit definierter Übertragungsrate zugewiesen, wohingegen UMTS alle Geräte gleichzeitig auf dynamischen Bandbreiten senden.
Außerdem verändern UMTS-Zellen abhängig von der Verkehrslast ihre Reichweiten, was die Netzplanung deutlich erschwert wie aber auch die Beherrschung mehrerer Arten von digitalen Übertragungskanälen, die in UMTS definiert sind. [1]

Wichtig ist es, die Vermarktung nicht auf UMTS aufzubauen, sondern auf breitbandigen Diensten wie z. B. Videotelefonie oder Videostreaming. Grund hierfür ist vor allem, dass UMTS eher evolutionär ist. Es ermöglicht in absehbarer Frist keinen Dienst, der absolut UMTS-spezifisch ist. Die Vorteile liegen eben in der höheren Bandbreite und im Komfort der Dienste und Anwendungen. [1]

Erst Applikationen, die es dem Nutzer ermöglichen,

sich z. B. in Firmennetze einzuloggen und dann mobil Daten zu verarbeiten, dürften auch die Business-User dazu bewegen, in derartige Geräte und Übertragungsleistungen zu investieren. (4)

Die für den Start von UMTS erwarteten Überkapazitäten in den Netzen führten zum einen dazu, dass alle Anbieter ihre UMTS-Netze auf Minimalbetrieb fahren werden und sich darüber hinaus überlegen werden, wie sie die "Stranded Costs" in ihren Bilanzen unterbringen. Gleichzeitig will der sechste österreichische UMTS-Lizenz-Inhaber Telefonica gar seine Frequenzen verkaufen oder vermieten. (2)

Preisstrategisch werden sich die großen Operator voraussichtlich an den GPRS-Tarifstrukturen orientieren, was im Wesentlichen Pauschaltarife für Privatkunden und volumenbasierte Preise für Geschäftskunden bedeutet. Flatrate-Modelle wie bei DSL stehen derzeit bei den Netzbetreibern aber offensichtlich nicht zur Diskussion. (1)

Die europaweit investierten Milliardenbeträge in die Lizenzen und den Technologie-Aufbau können nur zurückverdient werden, wenn UMTS in den kommenden 20 Jahren einen vergleichbaren Massenmarkt-Status erreicht wie derzeit das "normale" Handy. (4)

Netzbetreiber versuchen bereits ein halbes Jahr vor dem Start von UMTS mit ersten Bewegtbild-Angeboten die Nachfrage nach Multimedia-Diensten anzukurbeln. Strategisch hat der Ausbau von Bewegtbild-Angeboten höchste Priorität. Der Handymarkt ist gesättigt, das Neukundengeschäft stagniert, somit müssen zukünftige Umsatzsteigerungen vor allem über mobile Dienste hereingeholt werden, darüber hinaus muss der Markt für das UMTS-Angebot vorbereitet werden.
Da die derzeitigen Netze in ihrer Kapazität bei bewegten Bildern und Videotelefonie bald an ihre Grenzen stoßen, könnte die Einführung von breitbandiger UMTS-Technologie hier Abhilfe schaffen. So hoffen die Mobilfunkanbieter, dass die damit verbundene Qualitätssteigerung sowie der Geschwindigkeitszuwachs die Nachfrage steigern wird. Trotzdem kann von Euphorie in den Chefetagen der Operator keine Rede sein. (5)

Fallbeispiele

T-Mobile versucht mit seinem Handy-Dienst T-Zones seit kurzem seine Kunden auf das bewegte mobile

Multimedia-Zeitalter vorzubereiten. So werden kurze 20-sekündige Videos zu den Themen Nachrichten, Entertainment und Erotik angeboten. Der Konkurrent Vodafone war da sogar noch etwas schneller, da dessen Kunden bereits seit Mai News, Sportberichte und Kinotrailer abrufen können. Aber auch die kleineren Player sind nicht untätig, so bot E-Plus pünktlich zur Urlaubszeit farbige Urlaubsvideos an, die über das Reisewetter informieren, O2 lockt seine Multimedia-Handy-Kunden mit Kino- und Musik-Trailern. (5)

In den Startlöchern für den Eintritt ins multimediale UMTS-Zeitalter stecken vor allem die Mobile-Marketing Dienstleister. So glaubt man z. B. beim Berliner Dienstleister Yoc, dass bei mobilen Bewegtbildkampagnen Streuverluste nahezu ausgeschaltet werden können. Auch der Münchner Anbieter 12snap geht davon aus, dass Markenartikler für Argumente dieser Art durchaus ein offenes Ohr haben werden und plant schon für Anfang 2004 die erste multimediale Kampagne. Der ortsansässige Wettbewerber Mindmatics plant gar für Ende 2003 die erste derartige Kampagne. Allerdings soll diese Kampagne weniger eine relevante Reichweite erzielen, als vielmehr den werbetreibenden Kunden als Innovationsführer positionieren. (5)

Der japanische Elektronikriese NEC hat Ende Juli den

Prototyp eines Handys präsentiert, welches den Empfang von terrestrischem Digital-TV ermöglicht. Dieses Gerät soll zwar erst in zwei Jahren auf den Markt kommen, trotzdem versuchen Hardwarehersteller, Netzbetreiber und Medienhäuser schon Pläne für den Zeitpunkt X zu schmieden. (6)

Das Medienhaus Universal hat kürzlich eine Kooperation mit Siemens Mobile geschlossen, mit dem Ziel, Videos und Spiele weltweit über Mobilfunker an Endkunden zu vertreiben. Die Inhalte existieren bereits, der Aufwand für die Umwandlung ist gering, somit fallen kaum Kosten an, die Kundenansprache wird den Medienhäusern durch die Operator abgenommen.
Allerdings gibt es auch immer mehr Medienhäuser, die den Umweg über Netzbetreiber schlichtweg ablehnen und ihren Content lieber direkt an die Endkunden verkaufen wollen. Sie glauben, das der Markt erst dann richtig abheben wird, wenn der Content und nicht wie bisher der Zugang in den Vordergrund gerückt wird. Und das ist immerhin die eigentliche Kernkompetenz der Medienhäuser.
Daher würde es ausreichen, wenn die Netzbetreiber den Zugang stellen und das Programm von den Medienhäusern erstellt und vermarktet werden würde.
So hat der Musiksender MTV in Schweden mit dem dortigen Operator Telia eine Kooperation

abgeschlossen, in der MTV als virtueller Netzbetreiber auftritt. Musikfans können sich eine MTV-Simkarte kaufen und dafür Klingeltöne und Kurzvideos günstiger herunterladen. Auch der Unterhaltungskonzern Walt Disney verfolgt eine derartige Strategie und verhandelt bereits über den Aufbau einer eigenen Mobilfunkmarke. (6)

Der österreichische Mobilfunkanbieter "3" möchte den Fokus seines UMTS-Angebotes verstärkt auf Gechäftskunden und hierbei insbesondere kleine und mittlere Unternehmen (KMUs) ausrichten. Darüber hinaus hat man eine weitere Zielgruppe für Videotelefonie entdeckt. Über UMTS-Handys kann die Gebärdensprache einwandfrei erkannt werden. Somit erwartet "3", dass der Eintritt ins UMTS-Zeitalter für Taubstumme ein wesentlicher Schritt in der Kommunikation sein kann.
Ausserdem dauern Videotelefonate von Kunden, die diese Applikation nutzen deutlich länger als herkömmliche Telefonate. (7)

Weiterführende Literatur

(1) Strategiewechsel bei UMTS-Einführung
Mobilfunker in Atemnot
aus Computerwoche, 05.09.2003, Nr. 36, S. 8-9

(2) Hypes gibt es auch in der Telekom-Branche nicht

auf Bestellung Telekommunikation
aus WirtschaftsBlatt, 26.08.2003, Nr. 1939, S. S55

(3) Neuer Anbieter 3 UK gewinnt immer mehr Kunden mit Billigtarifen für UMTS-Angebot Britische Mobilfunker unter Druck
aus Die Welt, Jg. 58, 07.07.2003, Nr. 155, S. 14

(4) Der UMTS-Markt steckt voller Schwierigkeiten
aus WirtschaftsBlatt, 26.08.2003, Nr. 1939, S. S56

(5) Bewegtbild soll Umsätze pushen
aus HORIZONT 29 vom 17.07.2003 Seite 040

(6) Daumenkino
aus HorizontMagazin 01 vom 07.08.2003 Seite 030

(7) Hutchison hat die KMUs im Visier +++ Telekom-Unternehmen bangen um Investitionen +++ Von UMTS-Aufträgen hängt viel ab +++
aus WirtschaftsBlatt, 12.08.2003, Nr. 1930, S. A3

Impressum

UMTS - Ante Portas?

Bibliografische Information der deutschen Nationalbibliothek

Die Deutsche Nationalbibliothek verzeichnet diese Publikation in der deutschen Nationalbibliografie; detaillierte bibliografische Daten sind im Internet über http://dnb.d-nb.de abrufbar.

ISBN: 978-3-7379-0285-4

© 2015 GBI-Genios Deutsche Wirtschaftsdatenbank GmbH, Freischützstraße 96, 81927 München, www.genios.de

Alle Rechte vorbehalten. Dieses Werk ist einschließlich aller seiner Teile – z.B. Texte, Tabellen und Grafiken - urheberrechtlich geschützt. Jede Verwertung außerhalb der Grenzen des Urheberrechtsgesetzes bedarf der vorherigen Zustimmung des Verlags. Dies gilt insbesondere auch für auszugsweise Nachdrucke, fotomechanische Vervielfältigungen (Fotokopie/Mikroskopie), Übersetzungen, Auswertungen durch Datenbanken oder ähnliche Einrichtungen und die Einspeicherung und Verarbeitung in elektronischen Systemen.